PETIT MANUEL PRATIQUE

DES

TRANSPORTS de MARCHANDISES

PAR

CHEMINS DE FER

(Petite Vitesse)

PAR **L. LAMY**

Directeur du Bulletin des Transports

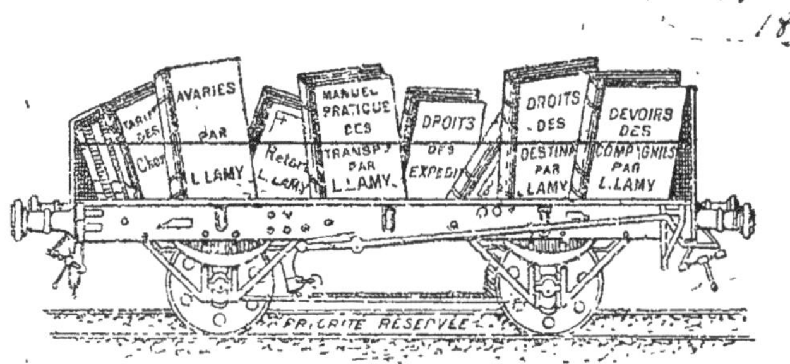

Prix : **0** fr. **75** c.

Chez l'Auteur, 8, rue Jacquemont, 8

PARIS

1er Octobre 1898

Le Bulletin des Transports

Organe de la Ligue Commerciale et industrielle pour l'amélioration des conditions de transport par chemins de fer.

Paraissant le 1er de chaque mois.

L. LAMY, directeur.

Paris — 8, rue Jacquemont, 8 — Paris

ABONNEMENTS :

France. . **5** fr. **00** par an; Etranger. . **7** fr. **00**

Chaque numéro du « **Bulletin des transports** » contient quatre ou cinq jugements ou arrêts **commentés**, pouvant intéresser tous ceux qui expédient ou reçoivent par chemins de fer.

Collectionnés, ils peuvent former un recueil précieux de jurisprudence des transports.

L'abonnement à ce journal donne droit :

Consultations sur les avaries, pertes, retards, etc.

A une consultation **gratuite** par mois sur tous les litiges : **Avaries, pertes, retards et delais.**

Ces consultations, qui ne sont données qu'après une étude approfondie de la question, aux points de vue légaux et administratifs, peuvent faciliter le règlement amiable d'un litige ou assurer le gain d'un procès.

Elles évitent, dans tous les cas, une procédure mal fondée.

Consultations sur les tarifs et itinéraires

Chaque abonné reçoit, **gratuitement**, sur sa demande, un **carnet de 25 bulletins** de consultations sur les tarifs et itinéraires à revendiquer pour faire voyager les expéditions projetées, aux conditions **les plus économiques.**

Chacun de ces bulletins doit être envoyé à la direction du bulletin des Transports, avec une somme de 1 fr. 75 pour recevoir, **par retour du courrier**, le renseignement demandé. Il est démontré, dans le Manuel, que ces renseignements peuvent, dans certains cas, procurer des économies atteignant jusqu'à **vingt-cinq pour cent** sur les prix que les Compagnies ont le droit absolu d'appliquer, si l'expéditeur demande simplement les *tarifs les plus reduits.*

Vérification des lettres de voiture

La vérification des lettres de voiture des abonnés au **Bulletin des transports** est absolument **gratuite** s'il n'est pas relevé d'erreurs.

En cas d'erreurs, les réclamations sont présentées **amiablement** aux Compagnies, soit par les soins de la direction du **Bulletin des transports**, soit par les propriétaires des lettres de voiture, à leur choix.

Ces derniers font, dans tous les cas, l'encaissement des détaxes et envoient ensuite à la direction du **Bulletin des transports** la part qui lui revient (voir à ce sujet la 4e page de la couverture).

PETIT MANUEL PRATIQUE

DES

TRANSPORTS de MARCHANDISES

PAR

CHEMINS DE FER

(Petite Vitesse)

PAR **L. LAMY**
Directeur du Bulletin des Transports

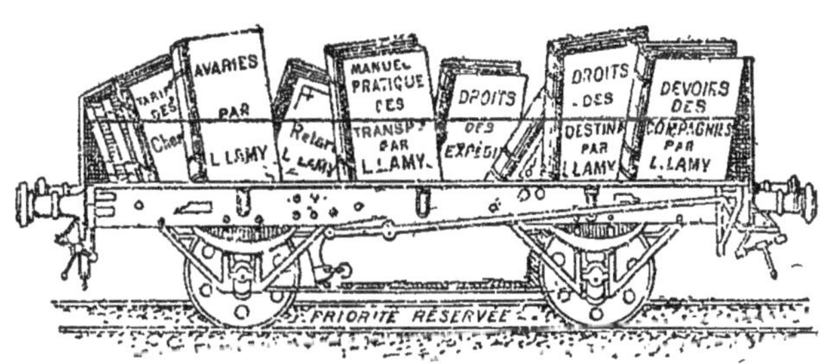

Prix : **0** fr. **75** c.

Chez l'Auteur, 8, rue Jacquemont, 8
PARIS

1er Octobre 1898

AVERTISSEMENT

Appelé, en qualité d'Agent de détaxe, à soutenir les intérêts d'un nombre considérable d'industriels et de négociants, contre les compagnies de chemins de fer ; obligé par cette profession, et aussi par la Direction du *Bulletin des transports*, à ne rester étranger ni aux modifications des lois, règlements ou tarifs, ni aux décisions judiciaires concernant les transports, nous pensons avoir acquis, par douze années de pratique, quelque expérience des questions qui s'y rattachent.

C'est de cette expérience que nous avons voulu faire profiter le public, en écrivant ce petit livre qui n'est qu'un résumé de celui, beaucoup plus important, que nous avons publié en 1895.

Nous nous sommes efforcé de le rendre pratique en indiquant, d'une manière générale, les formalités à remplir par les intéressés pour sauvegarder leurs droits, en cas *d'avaries, de pertes et de retards*, et aussi pour profiter des *tarifs les plus réduits*.

Mais les formalités indiquées ne visent que les transports effectués exclusivement sur le territoire français, et non les transports internationaux, lesquels sont régis par des règlements spéciaux.

Nous nous tiendrons d'ailleurs gratuitement à la disposition des abonnés au *Bulletin des transports*, pour répondre à toutes les questions qu'ils croiraient devoir nous poser sur les nombreux cas particuliers que, faute de place, nous n'avons pu traiter dans cette brochure.

L. LAMY.

PETIT MANUEL
DES TRANSPORTS DE MARCHANDISES
PAR CHEMINS-DE FER
(Petite vitesse)

Par L. LAMY
Directeur du « Bulletin des Transports »

(Résumé du Manuel publié par le même auteur en 1895)

CHAPITRE PREMIER

AVARIES ET PERTES

Responsabilité des transporteurs

Aux termes des articles 1784 du Code civil et 103 du Code de commerce, les compagnies de chemins de fer sont responsables de la perte et des avaries des choses qui leur sont confiées, à moins qu'elles ne prouvent qu'elles ont été perdues ou avariées par *cas fortuit, force majeure ou vice propre de la chose.*

Cependant leur responsabilité varie suivant que la marchandise voyage d'après les conditions des *tarifs généraux* ou d'après celles des *tarifs spéciaux.*

Il est donc essentiel, lorsqu'il y a avarie ou manquant, de rechercher tout d'abord quels sont les tarifs qui ont été demandés par l'expéditeur et appliqués par les compagnies.

Conditions des Tarifs généraux.

Lorsque la marchandise voyage aux prix et conditions des *tarifs généraux*, c'est-à-dire lorsque l'expéditeur n'a pas demandé l'application des tarifs réduits (spéciaux ou communs), sur sa déclaration d'expédition, la responsabilité des compagnies est entière en cas d'avaries ou de manquants.

Pour dégager leur responsabilité, elles doivent prouver que les avaries ou manquants résultent de l'une des trois causes ci-dessus, *cas fortuit,* etc...

Si elles ne peuvent administrer cette preuve, elles doivent en payer le montant à l'ayant-droit.

Conditions des tarifs spéciaux

Si, au contraire, la marchandise est transportée aux prix et conditions des *tarifs réduits* (spéciaux ou communs) les compagnies bénéficient de ce qu'on appelle, en langage technique, *la clause de non-garantie*, qui est inscrite en ces termes dans les conditions d'application de ces tarifs : « *La Compagnie ne répond pas des déchets et des avaries de route* ».

Dans ce cas, les Compagnies ne sont pas responsables de plein droit des avaries ou manquants : elles sont censées n'avoir reçu la marchandise qu'en l'état où elles l'offrent, et, pour obtenir une indemnité, il est indispensable que le réclamant fasse la preuve que l'avarie ou le manquant résulte d'une faute précise et déterminée pouvant engager leur responsabilité.

Nous nous répétons :

Dans le premier cas, *tarif général*, responsabilité entière des Compagnies, *sauf preuve d'irresponsabilité à fournir par elles*.

Dans le second cas, *tarif réduit*, irresponsabilité des Compagnies, *sauf preuve de responsabilité à fournir par l'expéditeur ou par le destinataire*.

La faute à rapporter contre les transporteurs devant résulter d'un fait précis et déterminé ne peut être recherchée qu'au moyen d'une expertise.

Expertise.

L'article 106 du Code de commerce stipule que : « En cas de refus ou de « contestation pour la réception des objets transportés, leur état est vérifié et « constaté par des experts nommés par le Président du tribunal de commerce, « ou à son défaut par le juge de paix, et par une ordonnance au pied d'une « requête.

« Le dépôt ou sequestre et ensuite le transport dans un dépôt public peut « être ordonné.

« La vente peut en être ordonnée en faveur du voiturier jusqu'à concur- « rence du prix de la voiture ».

Pour ne pas laisser péricliter ses droits, dès que le destinataire d'une expédition faite aux prix et conditions des *tarifs spéciaux* constate une avarie ou un manquant, il doit se garder d'en prendre livraison, *même sous réserves*, et proposer immédiatement une expertise amiable au chef de gare.

Cette expertise peut être faite par un expert choisi d'un commun accord par le chef de gare et le destinataire ou par deux experts désignés respectivement par chacune des parties, après engagement mutuel de chacune d'elles, *pris par écrit* pour plus de sûreté, de se soumettre aux conclusions de l'expertise. — Si le chef de gare refuse l'*expertise amiable* faite dans ces conditions et si l'avarie en vaut la peine ou laisse supposer qu'elle résulte d'une faute de la compagnie, il est indispensable de recourir à une *expertise judiciaire*.

Le cas échéant, le destinataire prendra une feuille de papier timbré de 0 fr. 60 sur laquelle il requerra, suivant la formule indiquée ci-après, soit le Président du tribunal de commerce, soit, à son défaut, le juge de Paix, de désigner l'expert dont il est question à l'article 106 du Code de commerce, pour vérifier l'état des marchandises et rechercher les causes de l'avarie ou du manquant :

« A Monsieur le Président du tribunal de commerce de... (ou à Monsieur le Juge de paix du canton de..,)

Monsieur le Président (ou M. le Juge de paix).

Le soussigné..., propriétaire (ou négociant) demeurant à.... a l'honneur de vous exposer que le... de ce mois, il a reçu du chemin de fer de... (...colis... nature... poids,.. marques... n^{os}...) qui lui ont été envoyés de... par le sieur...

Qu'en procédant en gare à la vérification de ces colis, il a constaté que... (désignation très exacte des avaries ou manquants) dont le représentant de la Compagnie n'a pas accepté la responsabilité,

Qu'il a refusé d'en prendre livraison.

En conséquence, il a l'honneur de vous prier de vouloir bien désigner tel expert qu'il vous plaira nommer pour procéder, en gare de.. (nom de la gare) en présence de la Compagnie du chemin de fer ou elle dûment appelée, à la vérification de l'état desdits colis, la recherche des causes de l'avarie (ou du manquant) et à l'estimation du dommage éprouvé.

Et vous ferez justice ».

Il portera ensuite cette feuille chez le magistrat sus-dit qui commettra sur l'heure un expert pour la vérification requise. L'expert convoquera les parties, recherchera la cause de l'avarie en leur présence, donnera son opinion et déposera son rapport.

Si le rapport conclut *à la responsabilité de la compagnie*, ou celle-ci s'y soumettra et indemnisera l'ayant-droit, ou bien elle résistera et se laissera assigner devant le tribunal. Dans le premier cas, l'ayant-droit aura obtenu, sans aucun frais, la satisfaction à laquelle il prétendait; dans le second, satisfaction lui sera donnée par le ou les juges devant qui l'affaire sera portée, les juges s'en rapportant à peu près toujours aux constatations des experts.

Si, au contraire, l'expert ne peut déterminer *d'une manière très précise* la faute de la compagnie il sera prudent d'abandonner l'affaire puisque, d'après la jurisprudence, la preuve à fournir contre le transporteur ne peut être basée sur une faute *présumée*, mais bien sur des *faits précis et déterminés*, ainsi que l'a jugé la Cour de cassation dans l'arrêt ci-dessous, rendu le 11 juin 1898 :

La Cour;

« Sur le 1er moyen ; — Vu le tarif spécial D 6 Orléans « vins en fûts », et « l'art. 3 ainsi conçu des conditions d'application communes *à tous les tarifs* « *spéciaux* : « **la Compagnie ne répond pas des déchets et avaries de** « **route** » ;

« Attendu que les fûts de vin expédiés par Bacalon, de Lézignan, à Pen- « chamiel en gare de Turenne, voyageaient aux conditions du tarif spécial « D 6, lequel comporte la clause de non-garantie au profit du transporteur en « cas de déchets et avaries de route; — Que cette clause, si elle n'exonère « pas le transporteur de la responsabilité de ses fautes et de celles de ses « agents a, du moins, **pour effet de mettre la preuve des fautes à la charge** « **des expéditeurs et destinataires** ;

« Attendu que le tribunal, qui n'a pas méconnu ce principe, a cependant « condamné la Compagnie à payer à Penchamiel la valeur d'un manquant « qui provenait de l'avarie d'un des fûts expédiés ; — Que, pour justifier cette « décision, il s'est borné à dire que « l'avarie *ne saurait* être expliquée que

« par un choc reçu par le fût litigieux, ayant provoqué le relâchement des « cercles, **sans même affirmer** qu'un choc se soit effectivement produit, et « que « la preuve de la faute de la Compagnie réside dans l'absence de toute « constatation du fût avarié dès son arrivée en gare de Lézignan »; — Qu'il « **n'a donc pas donné, par la constatation d'un fait précis et déterminé, « constituant une faute imputable à la Compagnie ou à ses agents et pou- « vant engager sa responsabilité, une base légale à la condamnation** qu'il « **a prononcée**;

« Attendu que le tribunal déclare, à la vérité, que la gare expéditrice n'a « opposé aucune réserve signée de l'expéditeur au sujet des fûts de l'expédi- « tion dont il s'agit;

« **Mais attendu qu'aucune disposition légale ou réglementaire n'obligeait « la Compagnie à vérifier, au départ ou en cours de route, l'état des mar- « chandises qui lui étaient confiées, non plus qu'à faire aucune réserve à « cet égard;**

« D'où il suit qu'en statuant comme il a fait, le jugement attaqué a violé « les textes ci-dessus visés;

« Par ces motifs, et sans qu'il soit besoin d'examiner le second moyen;

« Casse et annule le jugement rendu le 5 mars 1895, par le Tribunal de com- « merce de Brive. »

Conformément aux principes exposés dans cet arrêt qui est conforme à un nombre considérable d'autres rendus dans le même sens, il a été jugé :

Qu'une Compagnie ne peut être condamnée sous cette double hypothèse, simplement énoncée, ou bien que l'arrimage des fûts (de cidre en l'espèce) aurait été défectueux, ou bien que les agents de la Compagnie auraient commis un larcin dans les bâtiments affectés à l'exploitation du chemin de fer, sans constater l'existence d'aucun fait précis ni déterminé, constitutif d'une faute imputable à la Compagnie transporteur. (Cassation, 22 mai 1889).

Il en est de même pour avaries de marchandises transportées aux conditions d'un tarif spécial, sous le prétexte qu'elle ne fait pas la preuve d'aucune faute imputable à l'expéditeur lui-même. (Cassation, 13 août 1888).

Ainsi que pour avoir accepté, sans réserves, des fûts mal conditionnés. (Cassation, 22 juillet 1889).

Sous le seul prétexte qu'il était de notoriété publique que beaucoup de vols se commettaient dans les gares. (Cassation, 21 novembre 1893).

Le fait seul du déficit ou de la perte ne suffit pas non plus à établir la faute des Compagnies. (Cassation, 4 août 1880; 13 mars 1882).

Si la modification, par une Compagnie, d'un itinéraire demandé, constitue une faute à sa charge, elle ne saurait, d'une part, emporter par elle-même et de plein droit, déchéance de la clause de non-garantie ni, d'autre part, engager la responsabilité de la Compagnie qu'autant qu'il aurait été prouvé, par l'expéditeur ou le destinataire, qu'elle était la cause des avaries de la marchandise (ainsi jugé pour des transports de bestiaux, par la Cour de cassation, le 13 juin 1894).

La clause insérée aux conditions particulières d'un tarif spécial qui exonère la Compagnie de toute responsabilité au sujet de la casse des objets *en fonte* transportés, moyennant le remboursement de la taxe afférente au transport des objets reconnus brisés à l'arrivée, et qui porte que le tarif ne sera appliqué aux objets de cette nature qu'à cette condition expresse, a pour effet de limiter à l'indemnité réglée d'avance, à forfait, les conséquences de la responsabilité de la Compagnie, dans le cas même où l'avarie est le résultat *d'une faute imputable au transporteur ou à ses agents*, le cas de fraude excepté. (Cassation, 11 avril 1892).

Lorsqu'un tarif spécial stipule que le retour des sacs vides sera fait gratuitement, mais sans responsabilité de la Compagnie en cas de perte, on ne peut, sans relever à la charge de ladite Compagnie, aucun fait constitutif d'une faute, la condamner à payer à l'expéditeur (ou au destinataire) la valeur des sacs perdus. (Cassation, 9 juillet 1890).

La réception des colis par le voiturier, sans observations ni réserves de sa part, ne lui enlève pas le droit de prouver que l'avarie ou la perte ont eu pour cause le vice propre de la chose expédiée; les Compagnies de chemins de fer ne sont tenues de donner aux marchandises qui leur sont confiées que les soins ordinaires et compatibles avec les nécessités de leur service réglementaire; et, de là, ne peut résulter contre elles, au moins en principe et d'une manière absolue, l'obligation de réparer, en cours de route, les vices propres de l'expédition : — en l'espèce, le rabattage des cercles d'un fût. (Cassation, 9 décembre 1891).

Une Compagnie n'est pas responsable de faire refrapper *tardivement* des cercles de fûts, en cours de route, alors qu'il n'est pas établi que les dispositions expresses du tarif appliqué imposaient à celle-ci l'obligation de donner aux marchandises, en cours de route, des soins exceptionnels incompatibles avec les exigences de son service. (Cassation, 19 décembre 1893).

Lorsqu'il a été constaté par une expertise que la perte de liquides était due au relâchement des cercles, occasionné par l'élévation de la température, ce fait ne peut engager la responsabilité de la Compagnie, alors qu'il n'est pas établi, ni même prétendu, que le tarif appliqué lui impose l'obligation de prendre, en cours de route, des mesures exceptionnelles pour parer au danger pouvant résulter du défaut de pression des cercles. (Lyon, 14 janvier 1886).

Une Compagnie n'est pas, non plus, nécessairement responsable d'un coulage dû à un relâchement des cercles amené par le frottement en cours de route, lequel est une conséquence naturelle du transport. (Cassation, 25 octobre 1887).

Une compagnie n'est pas tenue de donner à la marchandise des soins particuliers incompatibles avec les nécessités de son service, et en particulier d'obvier en cours de route à l'insuffisance d'un bâchage effectué par l'expéditeur (Cassation, 18 octobre 1897).

Les devoirs généraux du voiturier ne lui imposent pas de prendre des précautions spéciales relativement aux intempéries (Cassation, 11 juin 1898.)

La circonstance qu'une marchandise a été reçue en bon état est insuffisante pour justifier qu'une avarie soit le résultat forcé d'une faute de la Compagnie. (Cassation, 3 janvier 1882, 26 août 1884, 14 décembre 1887.)

Aucune disposition de loi ni de règlement n'impose aux Compagnies de chemin de fer l'obligation de vérifier l'état des colis qui leur sont confiés. (Cassation, 25 mars 1891, 11 juin 1898,)

Il résulte de ces divers arrêts que, quelque évidente que soit la faute du transporteur d'après la seule constatation des faits, le demandeur en indemnité doit établir ses torts et sa responsabilité. Comment doit-il s'y prendre? La faute du transporteur ne peut-être présumée. D'autre part, les circonstances dans lesquelles elle se produit sont ignorées de celui qui a la charge d'administrer la preuve de la faute reprochée. Cependant, puisque la responsabilité du transporteur est subordonnée à l'administration de cette preuve, il faut supposer qu'elle peut être faite, sans quoi la justice de la Cour de cassation serait une suprême injustice.

Qu'on suppose un fût d'huile reçu sans réserves à la gare expéditrice et qui parvient à destination avec une vidange considérable. Le premier soin du destinataire devra être de demander une expertise. L'expert pourra relever des circonstances de faits qui engageront la responsabilité de la Compagnie. Ainsi la preuve peut résulter d'un vice du matériel, d'un chargement défectueux, de négligence dans la manutention, etc...

Une Compagnie est responsable, nonobstant la clause de non-garantie, des avaries subies par des feuilles de zinc expédiées en vrac lorsqu'il résulte, des constatations de l'expertise, qu'elles ont voyagé dans un wagon à l'intérieur duquel la neige a pénétré par les interstices existant entre les portes et les parois verticales de la caisse ainsi que par les trous du plancher. (Cassation, 2 juillet 1890.)

Il en est de même, lorsque l'avarie a eu pour cause la maladresse ou l'imprudence des agents dans la manutention des colis. (Cassation, 29 mars 1886.)

Ou qu'elle ne peut être imputée qu'à un choc violent pendant le chargement ou le déchargement. (Même arrêt.)

Une Compagnie a été également trouvée en faute :

Pour avoir placé dans des localités où elles ne devaient pas se trouver des marchandises qui ont été avariées par une inondation. (Cassation, 4 août 1884.)

Pour avoir, à défaut de place disponible, juxtaposé des marchandises à d'autres qui les ont avariées. (Cassation, 24 mai 1882.)

La clause de « non-garantie » insérée dans les tarifs, loin d'être générale, ne porte que sur des cas déterminés (déchets ou avaries de route); la destruction par les flammes ne rentre dans aucun de ces cas, et entraîne la responsabilité d'une Compagnie, à moins qu'elle ne justifie que l'incendie est lui-même le résultat d'un fait purement fortuit, qu'elle n'a pu prévoir ni empêcher, ou, au moins, prouver qu'il n'a pas eu pour cause une imprudence ou une négligence de sa part. (Cassation, 6 janvier 1892.)

Enfin, la Cour d'appel d'Aix a jugé, le 13 décembre 1889, « que le transporteur doit à la marchandise par lui voiturée les soins d'un bon père de famille »; et la Cour de cassation, dans son arrêt confirmatif du 29 février 1892, « que la clause de non-garantie n'affranchit point les Compagnies de la responsabilité qui leur incombe, comme transporteurs, lorsque la preuve est faite, contre elles, d'un fait précis et déterminé ayant les caractères d'une faute civile ».

La Cour de cassation, avant 1874, a été quelque peu indécise, sur la responsabilité encourue par le transporteur lorsque des tarifs spéciaux avaient été appliqués ; mais depuis elle a fixé sa jurisprudence et a toujours exigé, pour se prononcer contre les Compagnies l'articulation de faits précis constituant une faute bien déterminée à leur charge.

Que les intéressés se pénètrent donc bien de nos conseils. Ils n'ont d'autre moyen de prouver la faute de la Compagnie que par une expertise. Leur intérêt est-il compromis? Qu'ils présentent requête au président du tribunal ou au juge de paix à fin de nomination d'expert. Et surtout que l'expert n'aille pas dire que l'avarie *doit résulter* de telle cause ou de telle autre ! Il importe qu'il soit *affirmatif*, *catégorique* et qu'il s'abstienne de faire *des présomptions*. Si on présente à son examen des blés avariés, il doit pouvoir fixer l'époque probable à laquelle remonte l'avarie. On sait le temps qu'il faut à des blés pour germer ; il devra dire si la germination résulte d'un échauffement antérieur au chargement ou contracté en cours de route, à quelle cause est attribuable l'échauffement et chercher cette cause. Il peut la trouver en visitant le wagon transporteur et en découvrant que, par les planches mal jointes de la toiture ou des montants, la pluie, le brouillard, s'est infiltré et a occasionné le dégât reproché.

S'agirait-il de fûts de vin qui seraient arrivés en vidange? Il devrait les examiner partout : sur les douves de fond et de flanc, même sous les cercles qui souvent dissimulent des trous de fosset ; se rendre compte du plus ou moins de solidité de leur construction et de leur étanchéité, relever soigneusement les avaries : peignes cassés de fraîche date, fonds renfoncés, douves éclatées sous un choc ou labourées par les boulons du wagon, et conclure par une *affirmation catégorique quant à la cause du coulage reproché.* La Cour de cassation, encore une fois, n'admet que les Compagnies sont responsables que lorsque la preuve de leur faute résulte de faits *circonstanciés.*

Réception des marchandises sans réserves

L'article 105 du Code de commerce (loi du 11 avril 1888) stipule que : « La « réception des objets transportés et le paiement du prix de la voiture éteignent toute action contre le voiturier pour avarie ou perte partielle, si, dans « les trois jours, non compris les jours fériés, qui suivent celui de cette réception et de ce paiement, le destinataire n'a pas notifié au voiturier, par acte « extrajudiciaire, ou par lettre recommandée, sa protestation motivée ».

Cet article donne au destinataire qui a pris livraison en gare de marchandises avariées ou dont la quantité est inférieure à celle prise en charge par le transporteur, ou qui a reçu à domicile, sans en vérifier le conditionnement en les recevant, des colis incomplets ou détériorés, le droit de protester dans les trois jours (les jours fériés ne comptant pas) par acte extrajudiciaire, c'est-à-dire par exploit d'huissier, ou par lettre recommandée. Des réserves verbales ne peuvent remplir le même office (Cassation du 8 novembre 1893, 16 avril 1896 et 23 mars 1897), de même qu'une lettre affranchie à 0 fr. 15 (Cassation du 23 décembre 1891), ou un procès-verbal d'avarie dressé par un employé de chemin de fer (Cassation, 25 février 1896).

L'exploit ou la lettre recommandée, suivant que le destinataire a recours à l'un ou à l'autre moyen, doivent contenir une protestation *motivée* contre le transporteur, c'est-à-dire énoncer très exactement la nature des avaries, les objets avariés, l'importance des manquants, etc. L'un et l'autre doivent être adressés à la gare qui a livré la marchandise.

L'exploit doit être signifié avant l'expiration des trois jours accordés. La lettre, au contraire, peut arriver après. Il suffit qu'elle ait été mise à la poste avant l'expiration des trois jours.

Le délai de trois jours (non compris les jours fériés qui sont : les dimanches, le premier janvier, le lundi de Pâques, l'Ascension, le lundi de la Pentecôte, le 14 juillet, l'Assomption (15 août), la Toussaint et le jour de Noël) se compte de la manière suivante : Si la marchandise est livrée le vendredi 31 décembre, on ne comptera pas le 1er janvier qui est un jour férié, on ne comptera pas non plus le 2 janvier qui est un dimanche. Le délai de trois jours comprendra par conséquent le lundi 3 janvier, le mardi 4 et le mercredi 5 janvier.

Que le destinataire recoure à l'exploit ou à la lettre recommandée, il doit requérir la gare intéressée de déléguer un agent du chemin de fer pour vérifier la marchandise objet de la contestation. Si la gare n'obtempérait pas à sa réquisition ou discutait les causes de l'avarie ou de la perte, il devrait, dans les affaires de peu d'importance, proposer une expertise amiable; dans les affaires plus sérieuses, ne pas hésiter à provoquer une expertise judiciaire.

Vérification des marchandises à l'arrivée

Le destinataire ayant le droit absolu de s'assurer du conditionnement intérieur et extérieur des colis transportés, avant d'en prendre livraison et d'en payer le port (Cassation, 8 décembre 1885. Cour d'appel d'Aix, 4 février 1889), on ne doit pas perdre de vue qu'il est utile d'user de ce droit.

Une fois la livraison effectuée, il n'existe plus en effet de présomption de faute contre le transporteur et c'est au destinataire à prouver que la marchandise a périclité lorsqu'elle se trouvait encore sous la garde du chemin de fer.

Déchets de route

A la question des avaries, se rattache indirectement celle des déchets de route. A proprement parler, le déchet de route n'est pas une avarie. C'est une diminution de la chose transportée qui tient à sa nature et qui est, suivant les usages commerciaux, universellement admis, attribuable au coulage, à la dessiccation, au tamisage, à l'évaporation.

Les compagnies n'en sont pas responsables lorsqu'ils ne dépassent pas le taux admis par l'usage (Cassation, 5 novembre 1883).

Les marchandises qui sont remises en vrac forment un tout dont est déduit, au terme du transport, le déchet de route. Si le déficit dépasse le déchet de route, le destinataire est fondé à demander le paiement de l'excédent.

Pour les colis d'une même expédition dont la déclaration comporte le poids de chaque colis, le déchet doit être calculé par colis et non pas en bloc. Soit 3 sacs de café en grains pesant 75 kilos chacun. Si deux de ces sacs pèsent à destination le même poids qu'au départ, alors que le troisième présente un déficit de 10 kilos, le transporteur n'est pas fondé à imputer sur les trois sacs le déchet de route que lui concèdent les usages commerciaux. Le déchet doit être déduit du poids de l'unique sac qui présente un déficit.

Nous ne saurions trop recommander aux expéditeurs d'individualiser les colis d'une même expédition, par l'indication sur la déclaration du poids de chaque colis. C'est l'unique moyen d'éviter que le transporteur ne répartisse les déchets sur les colis restés intacts.

Le transporteur répond non seulement du poids, mais encore du nombre des colis, du moment qu'il en a pris charge. Lorsqu'un colis a disparu en cours de transport, il ne saurait évidemment invoquer l'exception de déchet ou creux de route, comme dans le cas de perte partielle.

L'article 16 de la loi de finances du 28 avril 1816, qui a réglé la question des *creux de route*, en ce qui concerne spécialement la Régie spécifie que les déductions réclamées à ce titre seront déterminées « d'après les distan-
« ces parcourues, l'espèce des boissons, les moyens employés pour les
« transports, la durée, la saison dans laquelle il aura été effectué et les
« accidents légalement constatés ».

Le tableau ci-après contient les marchandises susceptibles de se déjeter, avec le taux du déchet, en regard de chacune d'elles, suivant les saisons et la longueur du parcours.

Tableau des déchets de route

PAR COULAGE, TAMISAGE ET DESSICCATION

Déchets par le coulage

	Parcours de 200 kilom. et au-dessous	Parcours au delà de 200 kilomètres	Avec un maximum de
Eaux-de-vie et spiritueux	2 %	1 % par 100 kil.	
Bières, cidres, boissons	id.	id.	5 % en été
Vins, vinaigres en fûts	id.	id.	4 % en hiver
Huiles	id.	id.	6 % en été
Essences	1 %	id.	4 % en hiver
Mélasse et miel	id.	id.	5 % en été
Suif, saindoux	id.	id.	4 % en hiver
Graisses	id.	id.	
Vins de liqueurs	id.	id.	4 % en été
Goudrons	id.	id.	3 % en hiver

Déchets par la dessiccation.

Bois de teinture effilé	2 %	1 % par 100 kil.	
Racines, bois de réglisse	id.	id.	
Eponges, liège	id.	id.	4 % en été
Chiffons en balles	id.	id.	3 % en hiver
Cornes	id.	id.	
Avoines	id.	1 % par 200 kil.	
Graines fourragères et oléagineuses	id.	id.	
Houblons	id.	id.	
Chanvres bruts	id.	id.	4 % en été
Sucres bruts	id.	id.	3 % en hiver
Laines	id.	id.	
Salpêtres	id.	id.	
Gomme	id.	id.	
Blé, orge, seigle	1 %	1 % par 100 kil.	
Riz, sagou	id.	id.	
Graines fourragères et oléagineuses	id.	id.	
en double sac	id.	id.	
Fécules, farines	id.	id.	
Légumes secs	id.	id.	
Résines solides	id.	id.	2 % en été
Epicerie, droguerie	id.	id.	3 % en hiver
Chicorée en tonneaux	id.	id.	
Vergeoises	id.	id.	
Coton en balles	id.	id.	
Ferraille, fonte brute, vieux plomb	id.	id.	
Nacre de perle en coquille, brute	id.	id.	

Déchets spéciaux.

Sel marin	1 %	Océan, 5 % par 250 kil. Méditerranée, 3 % par 250 kil.
Sel gemme ou ignigène	1 %	1 % par 200 kilom.
Marrons, châtaignes	1 % par 2 jours avec un maximum de 6 %.	
Houille	2 %	quelle que soit la distance parcourue.
Coke	5 %	

Bulletins de garantie

En règle générale, le transporteur n'est pas fondé à exiger une garantie, sous le prétexte que la marchandise qui lui est remise est fragile, si cette marchandise est emballée suivant les usages commerciaux. Il est, en ce cas, du droit des expéditeurs de nettement la lui refuser en s'appuyant sur les conditions d'application du tarif général, rubrique « Conditionnement des marchandises ».

Il est juste de dire que lorsqu'un colis n'est pas emballé, s'il est d'usage qu'il le soit, ou qu'il n'est pas emballé de la manière que le commerce a l'habitude de l'emballer, le transporteur a le droit de le refuser.

Pour être valable, c'est-à-dire pour mettre à couvert la responsabilité du transporteur, la garantie souscrite par l'expéditeur doit être *particulière;* en d'autres termes, elle doit déterminer la cause pour laquelle elle a été souscrite. Une garantie générale, déchargeant le transporteur de toute responsabilité à l'occasion du transport dont il se charge, est nulle. Est nulle, par exemple, la garantie libellée « sans responsabilité » pour un transport effectué aux conditions du tarif général, parce qu'elle est contraire à l'ordre public (art. 6 C. c. — Cassation, 25 janvier 1898).

Est valable, au contraire, la garantie qui vise « la mouille », si la marchandise remise au transporteur est mouillée quand celui-ci l'accepte. Encore, pour limiter la responsabilité des parties, devrait-elle être précisée pour que le transporteur pût être rendu partiellement responsable en cas d'aggravation de l'avarie.

Les bulletins de garantie que les Compagnies peuvent obtenir des parties ne les dispensent pas d'apporter à l'exécution du contrat de transport les soins qui n'ont pas un caractère exceptionnel et qui ne sont pas incompatibles avec les exigences du service; que seulement, en présence de ces bulletins, qui reconnaissent l'existence d'un vice de la marchandise au départ, les expéditeurs demeurent obligés de prouver que les avaries constatées à l'arrivée proviennent, non de la cause prévue, mais d'une faute de la Compagnie. (Cassation, 20 mars 1893).

CHAPITRE II

RETARDS ET DÉLAIS

Dommages et intérêts

Malgré la réception de la marchandise et le paiement du prix de transport, sans réserves, l'action du destinataire, pour retard, reste ouverte pendant un an à partir du jour où la marchandise lui a été livrée (art. 108 du Code de commerce).

Mais le retard, par lui-même, ne peut donner lieu à dommages et intérêts (Cassation, 2 février 1887); il est nécessaire qu'il ait été la cause d'un préjudice et que ce préjudice soit justifié.

Les dommages et intérêts à réclamer par l'ayant-droit, pour retard, doivent être égaux à la perte qu'il a faite et au gain dont il a été privé (article 1149 du Code civil).

Les Compagnies ne sont tenues de payer que les dommages et intérêts qui sont une suite immédiate et directe du contrat de transport (art. 1151 du Code civil.)

Se basant sur l'article 1150 du même Code, elles ont même soutenu qu'elles ne devaient que les dommages et intérêts qui ont été prévus ou que l'on a pu prévoir lors du contrat de transport; la Cour de cassation leur a donné raison par ses arrêts des 22 novembre 1893 et 15 juillet 1896 (*Bulletin des transports du 1er décembre 1896*).

Cependant, si, pour se conformer à ce principe, l'expéditeur veut prévoir le dommage qui pourrait lui être causé en cas de retard, les Compagnies s'y opposent en se basant sur d'autres arrêts *de la même Cour* dans lesquels il est dit « qu'aucune disposition du cahier des charges ni de règlement n'oblige les Compagnies à accepter un forfait d'indemnité réglé à l'avance. » (Cassation, 27 janvier 1862 et 13 août 1884).

Malgré cette jurisprudence à deux tranchants, tout n'est pas perdu si le destinataire se conforme aux indications ci-après.

La lettre d'avis

Les Compagnies ne sont pas tenues d'aviser le destinataire de l'arrivée de ses marchandises adressées en gare.

L'envoi des lettres d'avis n'a pour but que de faire courir les droits de magasinage au profit de la Compagnie (Cassation, 2 décembre 1873; 7 août

1878; 26 mars 1879; 23 février 1881; 21 novembre 1883; 8 juin 1886, 14 décembre 1892.)

Légalement le destinataire d'une marchandise doit connaître les délais auxquels les Compagnies ont droit pour en effectuer le transport; à l'expiration de ces délais il doit se rendre à la gare destinataire pour savoir si la marchandise attendue y est arrivée.

Si elle n'y est pas, et cela peut arriver s'il y a retard, s'il a mal calculé les délais ou si ceux indiqués sur le récépissé « à expéditeur » sont inexacts, il ne doit pas se borner à en réclamer *verbalement* la livraison. Il est indispensable en effet que sa démarche laisse une trace.

Il doit donc réclamer le *livre des plaintes* qui ne peut lui être refusé sous aucun prétexte, y consigner la démarche qu'il vient de faire, l'objet de cette démarche et éventuellement chiffrer le préjudice que chaque jour de retard dans la livraison est susceptible de lui causer.

Il pourra ensuite faire valoir plus utilement ses droits contre la Compagnie qui, faute de cette démarche *incontestable*, pourrait soutenir que la marchandise en question était arrivée dans les délais (Tribunal de commerce de Brest, 11 septembre 1897).

Si une Compagnie justifie qu'elle a envoyé une lettre d'avis, elle est en droit d'exiger les frais de magasinage, alors même que ladite lettre ne serait pas parvenue au destinataire ou qu'elle lui serait parvenue en retard (Orléans, 22 octobre 1890; Cassation, 17 mai 1892 et 1er décembre 1896).

Une Compagnie est en faute si, après avoir donné avis à un destinataire de l'arrivée de la marchandise, elle refuse de la lui remettre quand il se présente pour la retirer. Dans ce cas, elle doit l'indemniser des frais et faux frais justifiés, faits en vue de la livraison (Cassation, 2 juillet 1884; Ce Toulouse, 16 mars 1889; Ce Saint-Quentin, 3 février 1891; Ce Seine, 17 novembre 1896.)

Cela se conçoit; si le destinataire qui reçoit avis de l'arrivée de la marchandise est, par cet avis, mis en demeure de la retirer sous peine de se voir réclamer des frais de magasinage par la Compagnie, celle-ci lui doit une compensation si elle ne peut lui délivrer ladite marchandise, puisque c'est par sa faute qu'il s'est dérangé pour en prendre livraison.

Délais de petite vitesse

La durée du trajet, pour les transports d'animaux, denrées et marchandises à petite vitesse, au tarif général, est calculée à raison de 24 heures par fraction de 125 kilomètres.

Pour les marchandises taxées aux *quatre premières séries* des tarifs généraux, la durée du trajet est réduite, sur certaines grandes lignes, à 24 heures par fraction de 200 kilomètres.

Il est accordé aux Compagnies un jour de délai en sus pour la transmission d'un réseau à l'autre, par une gare commune; ce délai est porté à deux jours pour la transmission entre réseaux aboutissant à une localité, dans deux gares distinctes en communication par rails.

En cas de transports effectués aux prix et conditions des *tarifs réduits* (spéciaux ou communs) il y a lieu d'ajouter des délais *supplémentaires* qui varient de 5 à 15 jours suivant les tarifs et les compagnies.

Exemple : On expédie de la mélasse de Paris à Bordeaux : l'expédition est effectuée aux conditions du *tarif spécial 5*. Quelle sera la durée du délai?

Remise	1 jour
Délai d'expédition	1 »
Délais de transport, 577 kil. (comme 650)	5 »
Délais supplémentaires (tarif spécial 5)	5 »
Livraison	1 »
Total	13 jours

Ainsi donc la Compagnie d'Orléans aurait droit à 13 jours (y compris celui de la remise et celui de la livraison) pour effectuer le transport et la livraison.

Si la même expédition était transportée aux conditions du *tarif général*, 5e série, elle n'aurait droit qu'aux délais ci-après :

Remise	1 jour
Délai d'expédition	1 »
Transport	5 »
Livraison	1 »
Total	8 jours

Lorsque diverses Compagnies coopèrent au transport en petite vitesse, d'une marchandise, chacune d'elles peut profiter distinctement de l'augmentation des délais supplémentaires qu'elle s'est réservée dans un tarif spécial; l'expéditeur qui a demandé un transport à prix réduit est réputé avoir accepté les conditions des tarifs spéciaux de chacune des Compagnies substituées. (Cassation, 9 décembre 1891.)

Exemple. — Transport d'une tonne de vin, de Mâcon à Tours, aux tarifs spéciaux 6 P.-L.-M., et 6 P.-O.

Compagnie P.-L.-M.	Remise	1 jour
	Délai d'expédition	1 »
	De Mâcon à Saincaize 195 kilomètres	2 »
	Délai supplémentaire (tar. sp. 6 P.-L.-M.)	5 »
	Transmission à Saincaize	1 »
Compagnie P.-O.	De Saincaize à Tours (203 kil.)	2 »
	Délai supplémentaire (tar. sp. 6 P.-O.)	5 »
	Livraison	1 »
	Total	18 jours

Lorsque, au contraire, le tarif revendiqué et appliqué est un tarif *commun*, le délai supplémentaire, quelle que soit la longueur du parcours et le nombre de Compagnies ayant coopéré au transport, est celui prévu par ce tarif commun.

Si, pour la même relation (Mâcon à Tours), il existait un tarif commun applicable aux vins et accordant 5 jours de délai supplémentaire, les délais seraient calculés ainsi :

Remise..	1 jour
Délai d'expédition..	1 »
De Mâcon à Saincaize (195 kil.)	2 »
Transmission à Saincaize..........................	1 »
De Saincaize à Tours (203 kil.)...................	2 »
Délai supplémentaire (tarif commun)...............	5 »
Livraison..	1 »
Total...........	13 jours

Les *délais de camionnage* sont indépendants des délais de transport; ils s'ajoutent *à tous les délais* accordés pour les livraisons en gare. (Cassation, 25 avril 1877).

Laissé pour compté

Il arrive fréquemment que le destinataire d'un envoi en retard (ou même supposé tel), refuse d'en prendre livraison « pour retard » et s'empresse de faire venir un second envoi pour le remplacer.

En agissant ainsi, il fournit une arme à la compagnie, qu'elle peut retourner contre lui, en cas de demande d'indemnité.

Elle pourrait en effet lui répondre que s'il avait réellement eu un besoin très urgent du premier envoi, il se serait empressé d'en prendre livraison dès la mise à sa disposition au lieu de le refuser, et arguer de ce refus pour réduire l'indemnité qu'il aurait pu obtenir en s'en livrant de suite.

Elle aurait d'autant plus raison, que le retard, *par lui-même,* ne donne pas lieu à indemnité.

Nous conseillons donc la prudence en matière de *laissé pour compte.*

Le *laissé pour compte* n'est généralement admis par les tribunaux et cours d'appel que dans l'hypothèse où les marchandises en retard ou avariées seraient dans un tel état que l'on ne pourrait les vendre, qu'elles seraient impropres à tout emploi ou même qu'elles ne répondraient plus à celui auquel on les destinait « des articles de modes par exemple » (Tribunal de commerce de la Seine, 25 mars 1862; Cour d'appel de Paris 18 mai 1863)

En dehors de ces cas le destinataire ne saurait légalement refuser des marchandises sous le seul prétexte qu'elles arrivent en retard alors qu'il en est vendeur habituel et qu'elles font l'objet de sa consommation ordinaire (Tribunal de commerce de la Seine, 21 juillet 1866; de Nice, 24 février 1871).

Il importerait peu que, pour ne pas manquer complètement la vente, il eût fait une seconde commande de la même marchandise, s'il est commerçant, c'est-à-dire en meilleure position que la compagnie de tirer parti de la marchandise (Cour d'appel de Bordeaux du 11 août 1854).

Donc en cas de retard ou d'avaries qui n'ôtent aux marchandises qu'une partie de leur valeur, le parti le plus sage à prendre est de faire payer la dépréciation par la compagnie.

Jugé en ce sens, dans le cas d'un retard de 50 jours d'une balle de cuir tanné et condamnation du destinataire à prendre livraison de la dite balle, contre le paiement d'une indemnité égale à 30 pour 100 de la valeur de la marchandise (Tribunal de commerce de Saint-Omer, 6 janvier 1891).

Le 16 décembre 1893, le tribunal de commerce de Libourne a refusé de *laisser pour compte* à la Compagnie d'Orléans, 242 mètres de toile dont 120 mètres avaient été mouillés sur une largeur de 0m25 par l'eau de marée; il admit les offres de ladite compagnie, qui consistaient à payer à l'ayant-droit, suivant expertise, la valeur de la toile avariée.

Le 24 novembre 1897, le tribunal de commerce de la Seine a jugé qu'on ne saurait transformer le contrat de transport en un contrat de vente, s'il n'est pas justifié que le retard ait eu pour conséquence d'avarier la marchandise transportée ou de la rendre impropre à la consommation.

Avis de souffrance ou de livraison des expéditions

L'expéditeur d'une marchandise à destination de l'un des sept grands réseaux français et des chemins de fer de Ceinture de Paris peut obtenir, au moyen d'une carte postale, *avis direct* **par la gare destinataire** de la livraison ou de la souffrance de cette marchandise, en payant à la gare de départ une taxe spéciale de 25 centimes.

« La demande d'avis de livraison ou de souffrance peut être faite, au moment de l'envoi, sur la déclaration d'expédition, ou postérieurement à cet envoi; dans ce dernier cas, la demande est constatée par un reçu spécial. »

Pour les marchandises adressées en gare, l'avis de livraison ou de souffrance adressé à l'expéditeur doit être mis à la poste dans les vingt-quatre heures qui suivent la livraison de la marchandise ou la constatation du fait matériel qui s'oppose à la livraison au destinataire.

Pour les marchandises adressées à domicile, ce délai est augmenté d'un délai égal à celui de factage, de camionnage ou de réexpédition.

Les délais ci-dessus sont augmentés des dimanches et jours fériés.

On entend par marchandise en souffrance :

1° Celles qui ont été refusées par le destinataire;

2° Celles dont le destinataire est inconnu ou n'habite pas le domicile indiqué;

3° Celles qui n'ont pas été réclamées dans un délai de cinq jours à partir, soit de l'expiration des délais réglementaires, soit de l'avis donné au destinataire;

4° Les marchandises frappées d'opposition, saisie ou revendication.

A partir du moment où un expéditeur a, *sur sa demande expresse*, été avisé *directement* de la souffrance d'une marchandise, celle-ci ne peut plus être livrée sans un ordre de l'expéditeur, même au destinataire primitif, à moins que ce destinataire ne représente le récépissé délivré à l'expéditeur.

Les ordres donnés par l'expéditeur doivent toujours être transmis à la gare destinataire par l'intermédiaire de la gare expéditrice.

Il est d'ailleurs entendu que les expéditeurs qui n'useraient pas de la faculté qui leur est donnée de se faire prévenir directement *par la gare destinataire* seront avisés **par la gare expéditrice.**

Dans ce dernier cas il n'est imposé aux Compagnies aucun délai à l'effet de prévenir l'expéditeur de l'état des marchandises constaté à l'arrivée et du refus du destinataire de prendre livraison. (Cassation, 13 avril 1892).

Colis postaux

Bien que les colis postaux soient généralement remis aux Compagnies de chemins de fer et livrés par leurs soins, leur transport n'est pas soumis aux règlements et tarifs des chemins de fer.

Le juge compétent en cas de différends entre le public et les Compagnies au sujet de leur transport est le Ministre qui a les Postes dans ses attributions.

Si donc il y a contestation avec les Compagnies, soit pour *avarie, perte ou retard*, il y a lieu d'en saisir le Ministre par voie de requête, sur une feuille de papier timbré à 0 fr. 60, accompagnée du récépissé délivré à l'expéditeur, si possible.

Dans les deux mois de la décision du Ministre, le requérant devra se pourvoir contre cette décision, si elle lui paraît mal rendue, devant le Conseil d'Etat.

Porter le différend devant les tribunaux de commerce, civils, ou administratifs, c'est perdre son temps; aucun d'eux n'est compétent. (*Décision du Conseil d'Etat, 28 décembre 1894 ; Cour d'appel de Rennes, 19 janvier 1897; Cce Seine, 15 septembre 1898*).

Pertes et avaries

Sauf le cas de force majeure, lorsqu'un colis postal a été *perdu, spolié ou avarié*, l'expéditeur ou, à son défaut, le destinataire *a droit* à une indemnité correspondant au montant réel de la perte ou de l'avarie, sans toutefois que cette indemnité puisse dépasser :

15 fr	pour les colis de		0	à	3	kilogr.
25	»	»	»	3	à	5	»
40	»	»	»	5	à	10	»

Pour les colis avec valeur déclarée, l'indemnité peut s'élever jusqu'au montant de cette valeur, sans excéder 500 fr., mais en cas de *déclaration frauduleuse*, d'une valeur supérieure à la valeur réelle du colis, l'expéditeur perd tout droit à une indemnité, sans préjudice des poursuites judiciaires.

Retards

La législation spéciale aux colis postaux n'accorde pas d'indemnité en cas de retard accidentel dans le transport d'un colis postal.

Toutefois il est dérogé à cette règle, lorsque le retard a eu manifestement pour effet *d'occasionner l'avarie du contenu*, mais, dans ce cas, l'indemnité ne peut dépasser celle prévue pour la perte elle-même du colis. (*Déclaration faite par M. le Ministre du commerce, à la Chambre des Députés, le 7 juillet 1897*).

CHAPITRE III

TARIFS ET ITINÉRAIRES

Comment ils doivent être demandés

Les tarifs de chemins de fer régulièrement homologués et publiés ont force de loi pour ou contre le public qui, en droit, est censé les connaître. Ils se divisent en deux classes : le tarif *général* et les tarifs *spéciaux*.

Le tarif *général* est le tarif de droit commun, il est applicable d'office, c'est-à-dire sans que l'expéditeur ait besoin de le demander ; mais ses prix sont tellement élevés que d'après des documents officiels, il n'est appliqué qu'à 3 o/o seulement des expéditions.

Les tarifs spéciaux (particuliers à chaque compagnie ou communs à plusieurs) sont plus réduits, mais en échange des réductions qu'ils offrent, ils accordent aux compagnies des délais de transport *plus longs* et une responsabilité *moins grande*.

Pour profiter des *tarifs spéciaux*, les expéditeurs doivent porter la mention « **tarifs les plus réduits** » sur leur déclaration d'expédition, à laquelle ils doivent ajouter le mot « **d'exportation** » lorsque les envois sont destinés à l'étranger.

Mais que l'on y prenne garde, la demande des *tarifs les plus réduits*, ne donne pas toujours droit aux *prix les moins chers* ; nous allons examiner les cas où elle suffit et ceux pour lesquels il faut *numériquement et nommément* revendiquer les tarifs à appliquer, et l'itinéraire à suivre.

1° Expéditions n'empruntant qu'un seul réseau.

La demande des « tarifs les plus réduits » oblige les compagnies du Nord, de Lyon, d'Orléans, du Midi et les chemins de fer de l'État à rechercher et à appliquer les taxes « les plus économiques », même par voie détournée et avec soudure, lorsque les expéditions sont entièrement effectuées sur leurs rails (Cassation, 13 novembre 1889).

La même demande est insuffisante pour les expéditions effectuées exclusivement sur le réseau de l'Ouest, lorsque les tarifs les plus réduits s'obtiennent *par voie détournée* ; dans ce cas, si l'on veut profiter de ces tarifs, il est indispensable d'indiquer la voie par où les expéditions doivent être dirigées. (*art. 1er, 2e alinéa des conditions d'application des tarifs spéciaux Ouest*).

Elle est insuffisante également sur le réseau de l'Est si la taxe économique s'obtient au moyen *d'une soudure.*

Par suite d'un jugement ridicule qu'a obtenu la compagnie de l'Est et derrière lequel elle se retranche, l'expéditeur doit, d'après elle, indiquer les points où la soudure doit être faite, ainsi que les tarifs à appliquer.

2° Expéditions effectuées sur le réseau de l'État et ceux d'Orléans et de l'Ouest.

Pour les expéditions empruntant *à la fois* le réseau de l'État et l'un des réseaux d'Orléans ou de l'Ouest, la demande des « tarifs les plus réduits » suffit pour obtenir, de plein droit, les taxes « les plus économiques » applicables par voie détournée ou avec soudure. (*Art. 5 du tarif commun G. 5. Etat*).

On estime que les agents de l'un de ces trois réseaux doivent connaître les tarifs des deux autres, lorsque les expéditions empruntent *légalement* les rails *de l'Etat*; ils peuvent les ignorer si elles n'empruntent que ceux de l'Ouest et de l'Orléans; dans ce dernier cas, de même que dans les suivants, la demande du « tarif le plus réduit » ne suffit plus.

3° Expéditions empruntant plusieurs autres réseaux.

Lorsque des expéditions empruntent plusieurs des réseaux suivants : Nord, Est, Ouest, Orléans, Lyon et Midi, la demande du « tarif le plus réduit » oblige simplement la compagnie expéditrice à rechercher les tarifs spéciaux applicables par la voie *la plus courte*, **même si elle est la plus chère**, *et sans aucune combinaison de soudure* (Cassation; 3 février 1885; 22 septembre 1891 ; 5 février et 13 juin 1894 ; 4 décembre 1895 et 25 mai 1897).

Exemple : — Si l'expéditeur d'un envoi de 1000 kilos de *pointes en laiton* de Creil à Romans demandait les « tarifs les plus réduits, » les compagnies seraient tenues d'appliquer les tarifs ci-après.

de Creil à La Chapelle, tarif spécial 14, 5e série........	49 kil.	4.85
de La Chapelle à Bercy, tarif général..................	12 —	2.56
de Bercy à Romans, tarif général 2e série.............	597 —	75.95
Totaux.........................	658 —	83.36

Mais elles ne seraient pas obligées d'appliquer ceux-ci, quoique donnant un prix moins élevé, *parce que la voie est « plus longue »* :

de Creil à La Chapelle, tarif spécial 14, 5e série.........	49 kil.	4.85
de La Chapelle à Ivry, tarif général..................	12 —	2.56
d'Ivry à Gannat, tarif spécial 14 barême C............	392 —	26.60
de Gannat à Romans, tarif général 2e série............	281 —	39.65
Totaux.........................	734 —	73.66

Ni ceux qui suivent, quoique encore plus réduits, *parce qu'il y a une sou-*

dure à St-Etienne, et que cette soudure ne peut être faite que si elle est demandée, ainsi que nous allons le démontrer.

de Creil à La Chapelle, tarif spécial 14, 5e série........	49 kil.	4.85
de la Chapelle à Saint-Etienne, tarif commun 82 Ouest, 100 P.-L.-M. (prix de Dreux) 6e série...............	511 —	37.00
de St-Etienne à Romans, tarif général, 2e série (sur 126 kil.)..	142 —	18.15
Totaux...........................	702 —	60.00

Toutes les compagnies possèdent en effet un tarif spécial réglementant les conditions dans lesquelles les taxes des divers tarifs *peuvent se souder* entre elles.

Ces tarifs contiennent une clause du genre de celle-ci que nous prenons dans le P. V. 30 Nord :

« Les taxes des tarifs généraux, spéciaux et communs de la compagnie « peuvent se souder entre elles, sur la demande du *tarif spécial, tarif réduit* « ou *tarif le plus réduit.*

« Toutefois, comme les gares d'expédition ne possèdent pas les tableaux de « distances entre elles de toutes les gares des autres réseaux, *l'indication* « *préalable par l'expéditeur des prix à appliquer et des points entre lesquels ils* « *doivent être appliqués est obligatoire*, lorsque la gare destinataire n'est pas « située sur le réseau du Nord, et aucune mention ne peut la remplacer. »

Pour avoir droit au prix de 60 fr.00, ci-dessus, l'expéditeur doit donc se conformer à ces conditions, sinon il paiera 83 fr. 36 par tonne, soit 116 fr. 75 de plus par wagon de 5,000 kilos.

En obligeant les expéditeurs à désigner les tarifs à appliquer à ses envois, la compagnie du Nord avoue cyniquement que ses employés sont incapables de trouver *les prix les plus réduits* faute de...... posséder les distances.

Voilà qui est gai pour ceux qui n'expédient qu'en port payé !...

Nous pourrions ajouter que le prétexte est inexact depuis la mise en vigueur du tableau des distances de réseau à réseau approuvé par décision ministérielle du 15 janvier 1892. Mais passons !

La Cour de cassation — oh ! combien logique — va beaucoup plus loin ; elle a jugé que les employés d'une compagnie ne sont pas tenus de connaître les tarifs de la compagnie voisine et que pour ce motif « on ne saurait les obliger à rechercher ceux qui procureraient le plus d'économie à l'expéditeur » (Arrêt du 3 février 1885).

Et pour rester dans cette logique (?) elle a jugé aussi que les tarifs dûment homologués et publiés sont réputés connus des expéditeurs et des destinataires (arrêt du 26 janvier 1898 — *Bulletin des Transports* du 1er mai 1898).

Il résulte de cette jurisprudence, toute en faveur des compagnies, que le public *doit connaître* des tarifs que les employés de chemins de fer *peuvent ignorer.*

Il n'y a évidemment que des juges qui puissent dire de pareilles sottises.

Quoi qu'il en soit, tout le monde sait que les clauses et conditions des tarifs spéciaux et communs sont loin d'être claires et qu'elles donnent lieu fréquemment à des interprétations différentes.

C'est ce qui fait que les employés de chemins de fer les interprètent toujours dans le sens favorable à leur compagnie et cela se conçoit d'autant plus qu'ils sont punis lorsqu'ils appliquent des taxes insuffisantes.

Aussi qu'arrive-t-il ?

Lorsqu'un employé a des doutes sur l'applicabilité d'une combinaison de tarifs demandée par l'expéditeur *sur sa déclaration d'expédition*, il refuse d'expédier avec cette déclaration, en exige une autre sur laquelle l'expéditeur, ahuri — on le saurait à moins — demande simplement les « tarifs les plus réduits, » et... applique des tarifs *plus élevés*, au petit bonheur, puisque juridiquement il n'est pas tenu de les connaître.

Le tour est joué, et l'expéditeur n'a même pas la satisfaction de pouvoir réclamer après coup, puisque sa déclaration, celle acceptée par la compagnie, ne comporte pas l'indication *des tarifs à appliquer et des points entre lesquels ils doivent être appliqués*, indication qui, nous le rappelons, ne peut être remplacée par aucune autre mention.

Nous laissons à nos lecteurs le soin de qualifier de tels procédés qui, bien que ne constituant pas le vol caractérisé, le frisent singulièrement.

Ceux qui douteraient que pareils faits puissent se passer en seront convaincus après avoir lu ce qui suit ; nous n'inventons rien :

Monsieur X... ayant à expédier des pointes en laiton, de Creil à Romans, demanda sur sa déclaration d'expédition « *Le tarif spécial 14 soudé à La Chapelle au tarif commun 82 Ouest-100 P.-L.-M. (prix de Dreux), et à St-Etienne au tarif réduit* ».

Son intention était de profiter de la taxe de 60 fr. par tonne, indiquée dans l'exemple de la page précédente.

L'employé de la gare de Creil, à qui il s'adressa pour expédier, refusa catégoriquement d'appliquer les tarifs demandés et en appliqua naturellement de plus élevés.

L'expéditeur ayant, *d'après nos conseils*, protesté énergiquement après avoir expédié, la gare en question demanda des instructions à son Service commercial qui lui répondit, le 6 juillet 1898 : « La soudure au tarif « commun 82-100 peut être prise à n'importe quel point de l'itinéraire « prescrit par ce tarif, mais *La Chapelle n'est pas dans ce cas* » signé : Crété.

Cette réponse n'ayant pas satisfait l'expéditeur, il insista à nouveau, prétendant que la soudure pouvait très bien être faite à La Chapelle.

La gare ayant transmis ses nouvelles observations au Service sus-indiqué reçut la lettre suivante donnant enfin raison à l'expéditeur.

Paris, le 6 août 1898.

Note pour Creil

La Cie P.-L.-M. nous fait connaître que le tarif commun Ouest 82, P.-L.-M. 100, dont on vous réclame le bénéfice pour des *pointes en laiton* en destination de Romans, a été primitivement établi par la petite Ceinture dont, par suite, les gares doivent toujours être considérées comme intermédiaires.

Vous pouvez, en conséquence, accepter la revendication, sur notes de remise, de la *soudure à La Chapelle* du prix prévu dans ce tarif commun pour la relation Dreux-Saint-Etienne.

Le Chef adjoint des Services commerciaux.

Signé : A. Schoeller.

Ainsi donc, non seulement les agents de la gare de Creil, mais aussi ceux du Service commercial de la Compagnie du Nord ignoraient (?) encore en 1898 que la gare de La Chapelle, c'est-à-dire la plus importante de leur réseau, pouvait profiter, comme gare intermédiaire, du tarif commun 82-100 qui existe depuis **vingt-huit ans**, c'est-à-dire depuis plus d'un quart de siècle !...

Il a fallu que ce soit **nous-même** qui le leur apprenions, en indiquant d'abord à l'expéditeur de Creil la combinaison de tarifs qu'il a revendiquée, et en démontrant ensuite qu'elle était bien applicable.

L'économie de **vingt-cinq pour cent** de frais de transport qui en est résultée est la démonstration de l'utilité de nos carnets de renseignements sur les *tarifs et itinéraires* à revendiquer par les expéditeurs **qui veulent profiter des prix les moins chers.**

ITINÉRAIRE DES EXPÉDITIONS

Il résulte d'une circulaire ministérielle, du 28 mai 1867, que : « Les expé« diteurs ont le droit absolu de choisir l'itinéraire qui devra être suivi par « leurs marchandises, à la condition de payer le tarif qui s'applique à cet « itinéraire ».

Ce qui était un droit en 1867 l'est encore aujourd'hui, avec la différence que, *dans certains cas*, les expéditeurs n'ont pas le droit de demander **impunément** l'itinéraire de leur choix.

Il en serait ainsi : S'ils dirigeaient leurs expéditions par les rails des chemins de fer de l'Etat alors que l'itinéraire *légal* entre le point de départ et celui de destination s'établit sans emprunter ce réseau. (C[ce] Evreux, 24 mars 1892 ; C[ce] Nantes, 23 mars 1898).

Ou encore s'ils faisaient passer celles dont l'itinéraire *légal* emprunte le réseau de l'Etat et ceux d'Orléans et de l'Ouest, ou seulement l'un de ces derniers, par un itinéraire détourné, c'est-à-dire *non légal.* (Bordeaux, 20 mars 1890. Cassation, 9 juin 1891.)

Ils n'ont pas le droit non plus, dans le but de détourner les expéditions de l'itinéraire légal, de les faire consigner à un point du parcours pour les réexpédier ensuite sur leur destination réelle. (Poitiers, 23 juillet 1889).

Si cependant ils s'arrogeaient ces droits, ils se verraient infliger une amende qui consisterait à appliquer à leurs expéditions le tarif *maximum* du cahier des charges dont les prix sont indiqués à la page suivante.

Pour rechercher si l'itinéraire est *légal*, il faut établir la distance la plus courte et ajouter à cette distance autant de fois 25 kilomètres qu'il y a de points de jonction entre deux réseaux, du point de départ à celui de destination. Il arrive parfois, au moyen de cette majoration, que l'*itinéraire légal* est l'*itinéraire le plus long*. Exemple :

De Dreux à Beaugency, l'itinéraire le plus court s'obtient de la manière suivante :

Ouest : de Dreux à Chartres..................	43	kilomètres
Etat : de Chartres à Orléans..................	76	—
Orléans : d'Orléans à Beaugency..	28	—
Total.....	147	kilomètres

Par Auneau, on obtient en effet :

Ouest : de Dreux à Auneau..................	50	kilomètres
Orléans : d'Auneau à Beaugency..............	121	—
Total.....	171	kilomètres

Si à ces totaux l'on ajoute une distance fictive de 25 kilomètres à chaque point de jonction, entre deux réseaux ; on trouve :

Via Chartres-Orléans : 147 × 50 = 197 kilomètres.
Via Auneau 171 × 25 = 196 —

L'itinéraire *légal* est, dans la circonstance, l'itinéraire *le plus long* ; c'est celui par lequel les expéditions doivent être dirigées. Si, sur la demande des expéditeurs, elles étaient dirigées par Orléans et Chartres, les Compagnies seraient en droit de leur appliquer, par la voie suivie, le *tarif maximum* du cahier des charges, qui est le suivant :

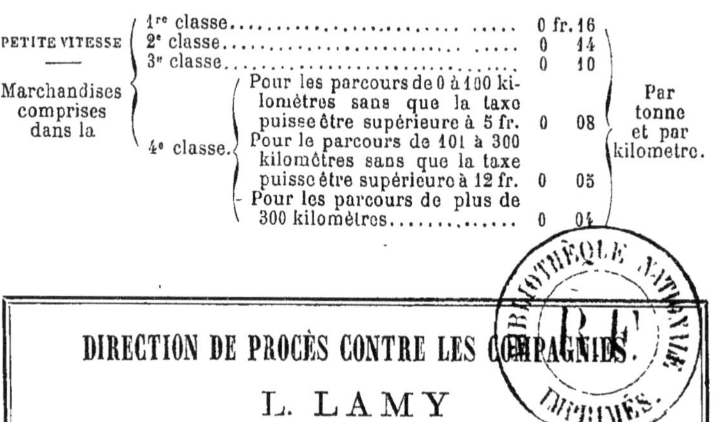

PETITE VITESSE — Marchandises comprises dans la				
1re classe	....	0 fr.	16	Par tonne et par kilomètre.
2e classe	....	0	14	
3e classe	....	0	10	
4e classe.	Pour les parcours de 0 à 100 kilomètres sans que la taxe puisse être supérieure à 5 fr.	0	08	
	Pour le parcours de 101 à 300 kilomètres sans que la taxe puisse être supérieure à 12 fr.	0	05	
	Pour les parcours de plus de 300 kilomètres..............	0	04	

DETAXES ET SURTAXES

Il est de jurisprudence constante qu'une Compagnie de chemin de fer qui, pour un transport, a perçu par erreur une somme inférieure à celle que fixait le tarif est recevable à réclamer par voie judiciaire le payement du complément de droit omis par elle. — L'expéditeur opposerait en vain à cette réclamation le contrat intervenu. Vainement dirait-il que si le prix, tel que le tarif le fixe véritablement, lui avait été demandé, il aurait pu renoncer à faire son expédition par voie ferrée. Les perceptions pour transports sur les chemins de fer se font d'après des tarifs qui sont de véritables lois, et que tous sont censés connaître ; les erreurs, en quelque sens qu'elles aient été commises, peuvent donc être rectifiées, soit à la requête de la Compagnie si elle n'a pas assez perçu, soit à la requête de l'expéditeur ou à celle du destinataire si on lui a imposé une perception supérieure à celle que les tarifs autorisaient (*Cassation, 17 août 1864; 13 février 1867; 22 décembre 1868; 16 mars 1869; 3 décembre 1873; 21 décembre 1874; 15 novembre 1876; 11 mars 1878; 15 août 1888; 6 mars 1889 et 4 juillet 1894.*)

C'est en vertu de cette jurisprudence que les Compagnies ne manquent pas de réclamer aux ayants-droit, et dès qu'elles s'en aperçoivent, les sommes qu'elles ont perçues *en moins.*

On se plaint, et les plaintes sont certainement fondées, qu'elles ne remboursent pas *spontanément* toutes celles qu'elles ont perçues *en trop.*

Il serait à souhaiter évidemment qu'il en fût ainsi, mais cela ne peut être.

S'il ne s'agissait pour le Contrôle que de constater si l'employé taxateur a dit 2 et 2 font 5, il pourrait évidemment trouver qu'il y a 1 à rembourser.

Mais ce n'est pas le cas; les erreurs *matérielles* sont insignifiantes. Les autres, beaucoup plus considérables, proviennent souvent de l'ambiguïté des clauses contenues dans les tarifs; elles peuvent donc donner lieu à discussion ou à des interprétations différentes, suivant les intérêts en jeu.

Or l'intérêt personnel des Compagnies étant dans la circonstance en opposition directe avec celui du commerce, il serait naïf de croire que leur interprétation sera en sa faveur.

Les Compagnies ne rembourseront donc jamais *spontanément* toutes les erreurs, mais ce qui est inique de la part de ces grandes Administrations c'est la résistance qu'elles opposent, même aux réclamations les plus légitimes, par suite de l'impunité relative qui leur est assurée.

En voici des exemples pris entre mille.

1° Un négociant qui avait payé près de 400 fr. de frais de transport, pour une seule expédition, constata, après vérification *dans ses bureaux*, que sa lettre de voiture était surtaxée. Il l'adressa à la Compagnie du Nord en la priant de vérifier la taxe.

Celle-ci lui répondit qu'il y avait en effet une erreur de 29 fr. 40, mais que cette erreur avait été commise *au préjudice du transporteur...*

Décontenancé, le destinataire nous adressa la lettre de voiture en question. Non seulement il ne devait rien à la Compagnie, mais la Compagnie lui était redevable d'une jolie somme, dont nous nous empressâmes de lui demander le remboursement.

Voici quelle a été sa réponse :

Compagnie
du
CHEMIN DE FER
DU NORD
—
Contrôle des recettes
N° 28916

Paris, le 24 juillet 1894.

Monsieur LAMY

Comme suite à votre lettre n° 1518 du 6 courant, j'ai l'honneur de vous informer que nous ne pouvons que vous confirmer dans son entier notre lettre du 24 septembre 1893, à M. E..., qui nous avait saisi de cette affaire, en lui faisant connaître que, loin d'avoir un redressement à lui accorder, nous aurions au contraire à lui réclamer une insuffisance de taxe de 29 fr. 40 suivant fichet ci-annexé, qui nous a été communiqué par le chemin de fer de l'Etat.

Recevez, Monsieur, mes sincères salutations.

LE CHEF DU CONTRÔLE DES RECETTES.

Peu facile à intimider, nous ne tînmes aucun compte de la prétendue insuffisance de 29 fr. 40 et renvoyâmes à la Compagnie, dès le lendemain, la lettre de voiture litigieuse en maintenant notre réclamation qui s'élevait à *110 fr. 10.*

Quatre mois après, nous reçûmes la lettre ci-dessous :

Compagnie
du
CHEMIN DE FER
DU NORD
—
Contrôle des recettes
N° 28916

Paris, le 23 novembre 1894.

Monsieur LAMY

Comme suite à votre lettre du 25 juillet dernier, j'ai l'honneur de vous retourner, sous ce pli, le récépissé communiqué, et de vous informer que la vérification de ce titre a donné lieu à un redressement de taxe de **109** fr. **80**. Cette somme sera payée à M. E... par notre gare de B.

Recevez, etc ..

LE CHEF DU CONTRÔLE DES RECETTES.

Il a fallu *notre intervention* et trois réclamations pour obliger la Compagnie à restituer une somme qu'elle avait indûment perçue...

2° Le 12 mars 1897, nous avons réclamé à la Compagnie du Nord une somme de 1324 fr. 25 qu'elle avait perçue en trop sur 179 récépissés appartenant au même Négociant.

Le 22 juillet suivant elle nous a renvoyé 129 de ces récépissés, et 29 le

19 octobre, sur lesquels elle n'avait reconnu que pour 130 fr. 80 d'erreurs au lieu de 1324 fr. 25, soit une différence de 1195 fr. 45.

84 de ces titres lui ayant été retournés le 24 juillet avec réclamation *justifiée cette fois par un arrêt de la Cour de cassation du 3 février 1885*, elle nous répondit le 27 septembre suivant :

Compagnie
du
CHEMIN DE FER
DU NORD
—
Exploitation
Contrôle des recettes
N° 13.313
—

Monsieur Lamy,

J'ai l'honneur de vous faire remettre par notre gare de Paris, les récépissés communiqués par votre lettre n° 5196 du 24 juillet, et de vous informer que l'examen de ces titres a donné lieu à un redressement de taxes qui s'élève à **1.195** fr. **10**.

Cette somme sera payée à M. T... C... par notre gare de Lille.

Le Chef du Contrôle des recettes,
Signature illisible.

Il résulte clairement de ce qui précède qu'un Négociant, un industriel ou une agence improvisée, comme il en existe tant, n'auraient pu, malgré leurs connaissances plus ou moins étendues des tarifs, se faire restituer les **1.195** fr. **10** en question par la raison bien simple qu'ils n'auraient su trouver un **arrêt de cassation** pouvant être opposé à la fin de non-recevoir de la Compagnie !...

C'est ce qui explique que nous avons pu faire rembourser des sommes considérables, après le contrôle d'autres agences ou celui du personnel spécial de certains négociants et industriels qu'ils croyaient cependant très compétents.

SOMMAIRE

Poitiers. — Imp. Blais et Roy.

LIGUE COMMERCIALE & INDUSTRIELLE

Pour l'amélioration des conditions de transport par chemins de fer

Direction : 8, rue Jacquemont, Paris.

Avantages et conditions

En outre des améliorations communes à l'industrie et au commerce, dont la *Ligue* poursuit la réalisation au moyen de pétitionnements et dans les colonnes de son journal le **Bulletin des transports**, elle procure à ses membres, les avantages spéciaux ci-après :

1° Membres adherents

Les *membres adherents* doivent verser annuellement une somme de 35 francs payable : 20 francs en adhérant et 15 francs six mois après.

Ils ont droit :

1° Au service *gratuit* de son organe le **Bulletin des transports**, avec ses avantages particuliers.

2° A des consultations *gratuites* sur toutes les questions litigieuses posées par eux, à fin de leur indiquer la marche à suivre pour sauvegarder leurs droits, assurer le gain d'un procès, ou éviter une procédure mal fondée ; ces consultations sont fournies contre l'envoi d'un des 25 bulletins dont il est question ci-dessous.

3° A des renseignements *gratuits* sur les tarifs, itinéraires et points de soudure à revendiquer, dans le but d'obtenir, pour les expéditions projetées, les prix de transport *les plus avantageux*, il est remis *gratuitement* à cet effet aux « membres adhérents » un carnet de 25 bulletins de demandes de renseignements *absolument gratuits*.

Ce Carnet n'est valable que pendant l'année de l'adhésion.

4° A la vérification de leurs lettres de voiture moyennant **25 0/0** des sommes remboursées au lieu de 50 0/0 (prix ordinaire).

2° Membres correspondants

Les *membres correspondants* font un seul versement de 10 francs par an.

Ils ont droit :

1° Au service gratuit du **Bulletin des transports** ;

2° A deux consultations *gratuites* par mois sur tous les litiges : avaries, pertes, retards et delais ;

3° A l'envoi *gratuit* d'un carnet de 25 bulletins de demandes de renseignements sur les tarifs, itinéraires et points de soudure à revendiquer pour faire profiter les expéditions projetées des prix *les plus avantageux*. (Voir leur utilité dans le Manuel, pages 21 et suivantes).

Chacun de ces bulletins doit être accompagné d'une somme de **1 fr. 25** pour recevoir le renseignement demandé, par retour du courrier.

4° A la vérification de leurs lettres de voiture moyennant **35 0/0** des sommes détaxees au lieu de 50 0/0 (prix ordinaire).

Comité de défense

Un Comité de défense, dont la composition est indiquée à la 2e page de la couverture du **Bulletin des transports**, se tient à la disposition des Membres de la Ligue pour étudier tous leurs litiges avec les Compagnies et défendre leurs intérêts devant les tribunaux de commerce, les cours d'appel et la Cour de cassation.

Ce *Comité*, composé de *spécialistes*, peut lutter avec avantages avec les avocats des compagnies.

Les adhésions à la Ligue doivent être adressées à M. Lamy, Directeur, 8, rue Jacquemont à Paris

VÉRIFICATION DES LETTRES DE VOITURE

La *Ligue commerciale et industrielle pour l'amélioration des conditions de transport*, possède le contrôle de lettres de voiture **le plus important et le mieux organisé qui existe.**

Ce contrôle, qui fonctionne depuis 1886 sous la direction de Monsieur **L. Lamy**, Directeur du « Bulletin des transports » et auteur de deux « Manuels des transports », est honoré de la confiance de tout le haut commerce et de la grande industrie, il a fait rembourser, même *en deuxième ou troisième* vérification, des sommes considérables, indûment perçues par les Compagnies de chemins de fer.

CONDITIONS

Le travail de vérification est *absolument gratuit* et il n'est rien dû, *pour quoi que ce soit* s'il n'est pas relevé d'erreurs ; dans le cas contraire les réclamations sont présentées aux compagnies soit par Monsieur L. Lamy, soit par les propriétaires des lettres de voiture, à leur choix.

Dans un cas, comme dans l'autre, ce sont ces derniers eux-mêmes qui font l'encaissement des sommes détaxées ; ils envoient ensuite à M. Lamy la somme qui lui est due, soit *cinquante pour cent* des sommes détaxées, s'ils ne sont pas membres de la Ligue.

Les lettres de voiture et récépissés, n'ayant pas plus de *cinq ans* de date, doivent être adressés comme « papiers de commerce ou archives **à M. Lamy, franco à domicile, 8, rue Jacquemont à Paris**

Il en est accusé réception et ils sont retournés après règlement, sur la demande de leurs propriétaires.

RÉFÉRENCES

Une liste de références, avec indication des sommes remboursées, est envoyée à tout négociant ou industriel qui en fera la demande.

QUESTION DE SOLIDARITÉ

La *Direction de la Ligue* n'ayant, pour atteindre le but qu'elle poursuit, d'autres ressources que celles que lui procure *la vérification des lettres de voiture*, invite tous les négociants et industriels, grands ou petits, de toutes les régions, à lui adresser les leurs, au lieu de les envoyer à *certaines agences plus ou moins intéressantes* **dont parfois ils n'entendent plus parler** et qui, en tous cas, ne font rien dans l'intérêt général des expéditeurs.

Poitiers. — Imp. Blais et Roy, rue Victor-Hugo, 7.

www.ingramcontent.com/pod-product-compliance
Ingram Content Group UK Ltd.
Pitfield, Milton Keynes, MK11 3LW, UK
UKHW020948220726
13924UKWH00002B/552